調べ学習に役立つ

地球と平和を守る
国際条約

③人権　子どもの権利条約・人種差別撤廃条約
ほか

監修：遠藤研一郎

世界には、おさない
ころから過酷な労働
をさせられている
子どもたちがいます。

汐文社

はじめに

　だれでも幸せに、よりよい毎日を過ごしたいと願っています。しかし、戦争によって大切な家族や家をうしなう人がいます。環境の変化により、消えていく動物たちがいます。差別によって、平等なあつかいをされない人たちもいます。なぜこのようなことが起きるのでしょうか?

　世界の国ぐには、協力してこのような問題を解決しようと、さまざまなとりきめをつくりつづけています。「平和」「環境」「人権」、わたしたちの未来を守るための条約です。

　これらを知り、学ぶことで、わたしたちがこれからするべきこと、めざすべき未来が見えてくるはずです。どうしたら自分も、世界の人びとも幸せにくらせるのか。条約を糸口にして、もう一度考えてみませんか?

中央大学法学部教授
遠藤研一郎

「国際条約」ってなに?

戦争をふせぐ。
絶滅しそうな生き物の命を守る。
地球環境を守る。
すべての人間の権利を守る。

これらのことは、
ひとつの国だけががんばっても
実現はできません。

だから、
国と国、または国と国際機関との
あいだで約束をむすんで、協力する。
——それが「国際条約」です。

水をくむ少女。

もくじ

該当するSDGs

3 すべての人に健康と福祉を　　　**5** ジェンダー平等を実現しよう

10 人や国の不平等をなくそう　　　**16** 平和と公正をすべての人に

※SDGsとは、国連が、よりよい未来をつくるためにつくった17項目の目標です。

すべての人がもっている人権ってなんだろう

Jin
Jîyan
Azadî

2022年9月、フランスのパリで、イランのイスラム独裁政権と、女性の権利に対するこうぎ活動がおこなわれました。

人権とは

「人権」は、すべての人が生まれながらにしてもっている基本的な権利や自由のことです。生きる権利や自分の意見をいう権利、平等で公正な扱いをうける権利などがふくまれます。

人権は、人がどのような背景や特徴をもっていても同じように大切にされるべきだと考えるルールのようなものです。たとえば、学校で勉強する権利や、好きな本を読む権利、好きな仕事を選び、働く権利、友だちと遊ぶ権利なども人権の一部です。

人権は、みんなが平等で幸せな生活を送るための基本的なルールや原則なので、大事にし、ほかの人たちの権利も尊重することが大切です。政府や社会も、人権を守るために法律や制度をつくり、すべての人に共通する大切な価値観の一部として考えています。

世界人権宣言

　全世界の人びとの人権を尊重するための基本的な事項、人権を保障するための目標や基準は、国連が1948年に採択した「世界人権宣言」に定められています。たとえば、生きる権利、平等である権利、宗教や集会などの自由、公正な裁判をうける権利、教育をうける権利などがかかげられています（6ページ参照）。また、この世界人権宣言をもとに、「人種差別撤廃条約」、「女性差別撤廃条約」、「拷問等禁止条約」、「子どもの権利条約」などのさまざまな条約が、人びとの人権を守るために定められています。世界人権宣言やそれをもとにした条約などの内容を理解し、広めていくことが、わたしたちひとりひとりの人権を尊重し、守ることにつながります。

世界の人権問題

　日本をはじめとする世界ではいまも人権問題が存在しています。LGBTや、「少数民族」とされる人への差別、戦争の勃発、黒人差別、政府による発言の規制、女性への暴力、環境の変動による貧困地域での健康被害といった問題ががそれです。また、身近に存在する人権問題には、いじめや体罰、虐待といった子どもをまきこんだものもあります。

オーストラリア大陸の先住民であるアボリジニ民族も差別されてきた（22ページ参照）。

●憲法と人権

　ひとつの国に住む人びとが、一緒に社会をつくっていくためには、国民が基本的な価値観を共有し、共通のルールがつくられなければなりません。そして、つくられたルールには、国家権力もしたがわなければなりません。権力をもった人がルールを無視して自分勝手に政治をするのではなく、権力をもった人もルールに制限されるのです。そして、そのルールの頂点に立つのが「憲法」です。国家があるところには、かならず憲法があります。

　憲法では、かならず人権が保障されています。国家の力を制限し、人権を保障することが、憲法の目的だからです。たとえば、日本国憲法では、「表現の自由」「信教の自由」「法の下の平等」などが保障されていますが、これらは、わたしたちが自由で平等な社会を実現するために、必要不可欠なものです。

　同時に、人権についての意識や内容は、時代や社会の変化により新しくなる部分もあります。この場合、憲法は、新しく起きた問題に対応しながら、新たな人権を尊重するために進化する必要があります。人権の国際化も、そのひとつです。

世界じゅうの人に関わるきまりごと
——世界人権宣言——

世界は、第二次世界大戦での、人種差別や大量ぎゃく殺、人権の侵害などの経験をふまえて、人権が保障されることが世界平和につながるという考えにたどりつきました。これを背景に「世界人権宣言」がつくられました。

世界人権宣言と国際人権規約

5000万人以上の死者が出た第二次世界大戦の惨状をくり返すことのないよう、1948年に採択された世界人権宣言は、世界じゅうのすべての人は平等で、ひとりひとりが同じ権利をもつとし、基本的人権の尊重の原則（市民的、政治的、経済的、社会的、文化的分野などのさまざまな権利をふくむ）を定めました。ただ法的な拘束力はありません。そこで、その理念をより現実的なものとするため、1966年に、国際人権規約がつくられました。国際人権規約をむすんでいる国では、人種や宗教による差別や暴力などが法的に禁止されます。

●第二次世界大戦の惨状

死者数（世界の合計数）
- 民間人：3800万～5500万人
- 軍人：2200万～2500万人

おもな国の死者数
- ソ連：1800万人
- ドイツ：428万人
- 日本：310万人
- 中国：130万人

※中国の死者数は、軍人はふくまず。

出典：The New Encyclopedia Britannica,15th ed.,2007, 日本は厚生労働省資料

日本の民間人の犠牲者は約50万人で、とくに東京大空襲（10万人）、広島原爆投下（14万人）、長崎原爆投下（14万人）、沖縄（9.5万人）の犠牲者が多かった。

人権デーと人権週間

世界人権宣言がフランス・パリで採択された12月10日を「人権デー」、12月4日～12月10日を「人権週間」と定め、この期間に、さまざまな団体が人権啓発運動を強化しておこなっています。たとえば、日本の法務省の人権擁護機関では、人権問題についての動画配信をはじめ、さまざまな活動をおこなっています。

カナダのトロントで、人権週間に女性の権利をうったえる人びと。

世界人権宣言の内容

世界人権宣言では、人びとの人権を守るために、以下の内容が定められています。

第 1 条　生まれながらにして自由である

第 2 条　だれも差別されるべきではない

第 3 条　安心して暮らす権利をもつ

第 4 条　奴隷のように働かされるべきではない

第 5 条　非人道的な拷問をうけることはない

第 6 条　みんなが法のもとで人として認められる

第 7 条　法律はすべての人に平等である

第 8 条　権利がうばわれたら、とりもどせる

第 9 条　勝手な理由でつかまったり、追い出されたりされない

第10条　公平でうそのない裁判をうけられる

第11条　裁判で有罪になるまでは、無罪としてあつかわれる

第12条　干渉されず、名誉や評判を傷つけられない

第13条　自由にどこにでも住める

第14条　他の国に助けを求め、逃げられる

第15条　ある国の国籍をもつ権利がある

第16条　自由に結婚、離婚ができる

第17条　財産をもつことができる

第18条　思想・良心・宗教は自由である

第19条　自由に意見をいい、意見をうける権利をもつ

第20条　自由に集まり、団体をつくれる

第21条　国の政治に参加できる

第22条　困ったら社会に助けを求められる

第23条　仕事を自由に選び、働く権利をもつ

第24条　休む権利がある

第25条　生活ができなくなったら保障をうけられる

第26条　教育をうける権利がある

第27条　文化を楽しみ、科学の進歩とその恵みをうけられる

第28条　この宣言を実現する権利をもつ

第29条　他人の自由と権利を守る義務がある

第30条　権利や自由は、それを破壊するために使うものではない

国際人権規約の内容

　国際人権宣言を条約化した国際人権規約は、「経済的、社会的及び文化的権利に関する国際規約（A規約、社会権規約）」と「市民的および政治的権利に関する国際規約（B規約、自由権規約）」のふたつに分類されます。

　A規約では、労働、安全で健康的な生活の確保、科学技術の利用、自由な移動、文化的なイベントへの参加の権利などが定められています。教育や医療などの基本的なサービスを利用する権利も保障されています。

　B規約では、生命、自由、安全に対する権利、選挙に参加する権利、公正で公平な裁判手つづきをおこなう権利、言論や信仰の自由などが保障されています。また、拷問や不当な逮捕や処罰、奴隷、強制労働、人種差別をあおるヘイトスピーチといった行為を禁止しています。

　国際人権規約は、これらの権利と自由を尊重して、守りつづけていくために、締約国に対して一定の責任を負わせています。各締約国は報告書を提出し、自国内での人権の状況や進捗状況について、国際的な監視をうけることとなります。国際社会全体で人権の普遍性を確認し、尊重することで、だれもが平等である世界をめざしています。

世界には「難民」とよばれる、自分の国にとどまることができず、困難な状況にある人びとが多く存在します。そのような人びとを危険から救い、希望をあたえるためにつくられたのが「難民条約」です。

難民条約とは

第二次世界大戦では、難民とよばれる人びとが大量に出ました。そこで、大戦後の1951年に「難民の地位に関する条約」、1967年には「難民の地位に関する議定書」が採択されました。難民の人権を守り、問題を解決するための約束ごとが書かれています。この条約にもとづいて、それぞれの国は、難民となった人びとに対し差別や迫害をすることなく、安全な場所をあたえ、そこで安心した生活を送ることができるよう支援をおこないます。

UNHCRとは

国連難民高等弁務官事務所（UNHCR）とは、第二次世界大戦後の1950年に、戦争により家をうしなった人びとや、避難をよぎなくされた人びとを助けるためにつくられた機関です。UNHCRは世界じゅうの政府や民間などから支援をうけ、難民たちに食料や医療、安全な住居などをあたえ、新しい仕事や学校を見つける支援などをおこなっています。UNHCRが設立された当時は、活動は3年の予定とされていましたが、その後「難民問題が解決されるまで」と期間が延長されました。現在は世界135か国で活動しており、約12,000人の職員が働く大きな機関となっています。

難民にはどんなことが保障されるの？ うけ入れる国の解決策は？

難民条約で定められた内容にもとづき、難民たちは以下のような支援をうけることができます。難民は入国をこばまれたり、もとの国に送還されたりしないよう、保護されなければなりませんが、実際にはうまく機能していない、という問題もあります。

帰還
難民が自分の意思で故郷へ帰りたいと主張した場合、UNHCRなどの支援をうけ、安全に帰還することができる

住まい
難民のための宿泊施設や定住を支援する施設を利用することができ、安全な住まいを得るための支援をうけられる

第三国への移住・定住
難民キャンプなどで一時的に保護されている難民たちに、うけ入れに合意した第三国への移住や定住の権利があたえられる

職業
職業相談をうけることができる

教育
教育プログラムの受講や、学習教材の提供などの支援をうけられる

定住
自国以外に定住することを希望する難民は、住居をさがすための支援（定住支援プログラム）がうけられる

追放および送還の禁止
難民は、入国をこばまれたり、迫害されるおそれのある国に送還されないように保護される

難民の歴史

難民が注目を集めるようになったのは、第一次世界大戦やロシア革命、オスマン帝国の崩壊などにともなって外国へのがれた人びとが急増したことでした。その後、第二次世界大戦によって難民の問題はさらに深刻化することとなり、国際社会は解決への一歩を踏み出しました。

難民とはどういう人？

"難民" とはどういう人たちのことをさすの？

　難民とは、自分の国にいると危険だという理由から、ほかの国に逃げてきた人たちのことをさします。「難民条約」では、人種・宗教・政治的な理由で迫害をうけた人や、自分の国が保護してくれない、もしくは保護されたくない人と定めています。また、戦争や災害で土地を追われても、国内にとどまって避難生活を送っている人たちは「国内避難民」とよばれています。

　日本では、日本に上陸した外国人を対象に、人種・宗教・政治的意見などを理由に、本国にもどると迫害をうけるおそれのある人を「難民」とみとめています（「出入国管理及び難民認定法」）。日本で難民とみとめられた人びとは、国民年金に加入したり、生活保護をうけたり、公営住宅にすんだりすることができるようになります。

どんな理由で "難民" になるの？

　難民が生まれるもっとも大きな原因は戦争です。たとえば、中東のイラク戦争（2003〜2011年）や長期化するシリア内戦（2011年〜）やイエメン戦争（2015年〜）によって、身の安全のために自分の国からほかの国へ避難しなければならない人びとがあとをたちません。もうひとつの原因には、政治の失敗や、政権交代などによって弾圧がおこなわれることがあげられます。そのほか、気候や環境の変化による経済状況の悪化や、水不足や飢饉の発生で、健康的な生活をおくれなくなるといった理由から、難民となる場合もあります。世界には日びのおだやかな生活をうばわれた人びとがたくさんいるのです。

戦争によってウクライナをはなれ、となりの国ポーランドに逃げる人びと。

世界の難民の地図

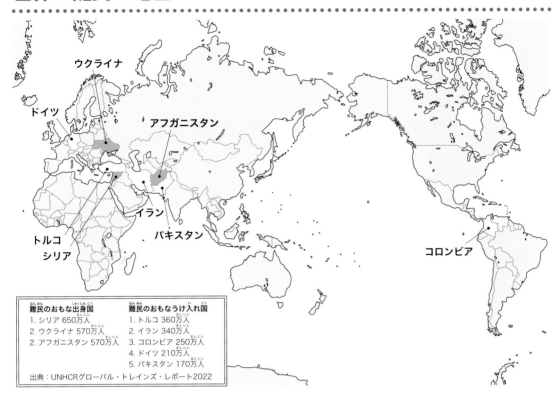

ウクライナ
ドイツ
アフガニスタン
イラン
パキスタン
トルコ
シリア
コロンビア

難民のおもな出身国
1. シリア 650万人
2. ウクライナ 570万人
2. アフガニスタン 570万人

難民のおもなうけ入れ国
1. トルコ 360万人
2. イラン 340万人
3. コロンビア 250万人
4. ドイツ 210万人
5. パキスタン 170万人

出典：UNHCRグローバル・トレインズ・レポート2022

●日本における難民問題

　日本は難民に対する政策を40年以上おこなっていますが、2022年に日本で難民と認定された人は、申請数3772人に対しわずか202人でした。この認定数は世界と比較しても非常に少なく、難民に対してとてもきびしい基準があるとされています。さらに、難民申請しても結果が出るまで何年もかかる場合があり、申請を待つあいだは医療費をすべて自費でまかなわなければならず、日本語学習のための支援もうけられないといったきびしい現状があります。親しい友人や家族とはなれ、言葉もつうじない国で孤独な日びを送る人びとが少しでも安心してくらせるよう、難民を助ける制度の改善がもとめられています。

子どもも自分の意見をもった存在
──子どもの権利条約──

健康で安全な環境で育ち、教育をうけ、差別なく大切にされる子どもたちの権利を守る「子どもの権利条約」。この条約は、どのようなできごとからつくられたのでしょうか。

子どもを守ろう

世界には、まずしい生活のため教育をうけることができず、幼いころから家族のために働く子どもや、災害や戦争で家や家族をうしない、苦しい状況にある子どもがいます。そこで国連は、ユニセフ（国際連合児童基金）などの機関と協力し、世界じゅうのすべての子どもたちがひとりの人間として、生まれながらにもっている権利を定め、それらを守っていくことを約束しました。これが「子どもの権利条約」です。

この条約は1989年に採択され、日本は1994年にこの条約に加わりました。現在は196の国と地域がこの条約を守ることを約束しており、世界でもっとも広くうけ入れられている人権条約となりました。

子どもの権利条約では、子どもを単なる「保護の対象」としてではなく、「権利をもつ主体」として位置づけています。子どもたちが自分の意見や意志をもち、尊重されることが大切だとしているのです。また、すべての子どもに保障されるべき権利のほ

かに、特別な配慮が必要と考えられる子ども（難民、少数民族、障がいをもつ子どもなど）に対する権利も考慮されています。

この条約が生まれて以来、国や地域では子どもたちの声を大切にし、幸せにくらせるような政策を進めています。それによって、世界じゅうでたくさんの子どもたちが、よりよい環境で成長できるようになりました。未来をになう子どもたちが大切にされ、ささえられる社会に向かって、おとなたちの努力がつづけられています。

子どもを守る 4つの原則

子どもの権利条約が定めるさまざまな権利は、次の4つの考え方をもとにしています。この原則は、日本の「こども基本法」にもとりいれられています。

● **差別の禁止**（差別のないこと）
すべての子どもは、子ども自身や親の人種や国籍、性、意見、障がい、経済状況などどんな理由でも差別されず、条約の定めるすべての権利が保障される。

● **子どもの最善の利益**（子どもにとってもっともよいこと）
子どもに関することがきめられ、おこなわれるときは、「その子どもにとってもっともよいことはなにか」を第一に考える。

● **生命、生存および発達に対する権利**（命を守られ成長できること）
すべての子どもの命が守られ、もって生まれた能力を十分に伸ばして成長できるよう、医療、教育、生活への支援などをうけられる。

● **子どもの意見の尊重**（子どもが意味のある参加ができること）
子どもは自分に関係のあることがらについて自由に意見を表すことができ、おとなはその意見を子どもの発達に応じて十分に考慮する。

世界に残る さまざまな問題

子どもの権利条約が定められた今でも、解決すべき問題に直面している子どもたちがいます。

児童労働

現在でも、一部の地域では貧困をおもな理由として、幼い子どもたちが働かざるを得ない状況におかれています。児童労働は、危険で過酷な環境でおこなわれることもあります。

人身売買

弱い立場にいる子どもを強制的に連れさったり、奴隷にしたりする人身売買も残されています。人身売買の被害者の多くは、女性や子どもです。

子ども兵士

地域の混乱などで自由な生き方を選ぶことができず、おとなと同じように武器をもって戦争に参加する子どももいます。子ども兵士の40%は少女であるともいわれています。

日本がかかえる問題

日本でも、学校での体罰や家庭内暴力が問題となっています。これらは子どもたちの体や心を深く傷つけるため、すぐに解決する必要があります。

ほかの国に連れさられた子どもを守る
——ハーグ条約——

親の離婚や別居をきっかけに、「子どもの連れさり」が問題視される状況をうけて、世界じゅうの子どもの安全や自由を守るためにとりきめられた大切な約束ごとが「ハーグ条約」です。この条約は、どのようなことを定めているのでしょうか。

親に連れさられた子ども

　国際結婚の増加とともに国際離婚もふえた現在、世界では一方の親がもう一方の親の同意をえないまま、子どもを自分の国へと連れさり、もう一方の親に会わせない「子の連れさり」が問題となっています。また、期限つきの約束をして子どもを海外へ連れていき、約束の期限をすぎても子どもをもと住んでいた国に帰さないことを「留置」といい、連れさりと同様に大きな問題となっています。

　自分の感情や意見にかかわりなく、住み慣れた国から遠く離れることになった子どもたちは、これまでと異なる文化や言語、親しい友だちやもう一方の親のいない環境にストレスをかかえ、悪影響をうける可能性があることから、世界じゅうで問題視されました。そのような状況から子どもたちを守るため、子どもたちが従来くらしていた国にすみやかに帰し、また、親子が面会・交流をできる機会を確保するようにするしくみがハーグ条約です。

どんな条件が適用されるの?

ハーグ条約は、「①対象となる子どもの年齢が16歳未満」「②ハーグ条約がむすばれている国と国のあいだの移動」「③親が子どもの世話や教育をおこなう権利」が侵害されている場合に適用されます。

親権とは

「親権」とは、親が子どもの利益のために、世話や教育をおこなったり、子どもの財産を管理したりする権利であり、親の義務であるといわれています。

父親と母親が婚姻の関係にあるあいだは、父親と母親のどちらも親権者となり、両者が協力して親としての義務をはたすこととされています。

日本では離婚後は父親・母親のいずれかを親権者と定める単独親権がとられていますが、海外では離婚しても、両親が親権をもつ、共同親権の国もあります。

ハーグ条約による解決法

子どもの連れさりや留置を解決するためには、返還を要求する対象の子どもが上記の「適用される条件」にがい当する必要があります。この条件が適用される形で子どもを連れさられた親は、子どもがもともと住んでいた国もしくは子どもが連れさられた国にあるハーグ条約の中央当局（日本は外務省）に子どもの返還のための申請をおこなうことができます。

●相談の流れ

子どもを連れられた親は、外国の中央当局をつうじて、もしくは直接外務省に子どもを返還するよう申請します。外務省は、子どもを連れさった親に手紙を送付し、手つづきの流れを説明します。その後、話しあいや裁判へとすすみ、子どもの安全な返還を決定します。

子を連れさられた親 → 子が連れさられた国の中央当局に申請 → 中央当局が裁判所と連携して、子の返還支援 → 裁判所が返還するべきかしないかを決める

ふえている国際結婚

世界では国籍をこえた結婚である国際結婚が増加しています。日本人と外国人の結婚も増加しており、2005年には年間4万件をこえています。国際結婚の増加は、グローバル化がすすんで海外でくらす人びとがふえたことや、ソーシャルネットワークの発展などが理由と考えられています。それにともない、国際離婚もふえ、日本人母による子の連れさりが、国際的な問題となっています。

女子への差別をゆるさない
──女子差別撤廃条約──

男女が平等な社会をつくるため、女性に対するあらゆる差別をなくすことを目的に、世界189か国が、女子差別撤廃条約をむすんでいます。この条約は、男女が不平等な法律や制度、また国や地方の古い慣習をあらためるよう定めています。

差別をなくそう

日本では、昔から男性と女性のあいだで給与にちがいがあったり、「男は仕事をし、女は家庭に入るものだ」と、性別によって個人の役割を決めつけたりすることがありました。このような男女の区別は女性に対する差別であり、けっしてゆるされないという考えのもと、日本も1985年にこの女子差別撤廃条約に参加し、男女の差別をなくすためにさまざまなとりくみをおこなっています。

日本のチャレンジ

●ポジティブアクション

企業などで女性の能力が生かされていない、長年勤務している女性が管理職に就任できない、といった男女差による問題がある場合、その原因を見直したり、女性が昇給するための支援をしています。

●暴力をうけた人に対するサポート

女性・女児への暴力は世界でも多く見られる問題です。男性から暴力をうけた女性の心身の治療や相談、社会復帰のための場を提供するなどの支援をしています。

●理工チャレンジ

女子生徒・女子学生が理工学の分野に興味や関心をもち、発想力をやしない、将来の進路の選択肢をふやすことを支援するとりくみをおこなっています。

男女雇用機会均等法

性別を理由にして、働く機会や仕事の内容に不平等が生まれないようにとつくられたのが男女雇用機会均等法です。この法がつくられた1985年には、男女を等しくあつかうことは「努力義務」とされていましたが、1997年には、女性への差別的なあつかいは「禁止」とされ、2006年には、女性だけではなく男性も対象とし、ともに性別を理由に差別することを禁止しました。

企業のチャレンジ

企業では、男女ともに仕事と家庭を両立しやすいような制度やサポートを提供したり、男女差別を理解し、偏見をなくすための教育をしています。

日本国内に残る女子差別

日本に存在していた女子差別にはさまざまなものがあります。たとえば、かつての日本の学校では、「男性は外で働き、女性は家庭を守る」といった性別による役割分担の考え方を前提として、男子は「家庭」の内容を、女子は「技術」の内容を学べませんでした。

この考え方は女子差別撤廃条約をむすんだ後に徐じょに変わっていき、今では男女ともに技術・家庭科のいずれも学ぶことができるようになりました。しかし、現在でも男女間の賃金の差や女性の失業率の高さなど、解決すべき問題も多く残っているのが現状です。

世界の女子差別

女子に対する差別は世界各地にあります。たとえば、女性に対する性暴力や虐待は世界的で起こっており、貧困地域や性教育が不足している地域でより多発している問題です。

また、一部の地域では、女性が教育をうける権利が男性よりも制限されていて、女性の将来の選択肢が限られていたり、他者に決められたりしてしまうこともあります。

さらに、最近の技術の進化にともなって、「デジタル格差」とよばれる男女間の格差も新たな問題となっています。一部の地域では、女性のインターネットや特定の技術へのアクセスが制限され、デジタルの分野の知識を得ることができない状態にあります。

18歳未満の婚姻（児童婚）

18歳になる前に結婚することを「児童婚」といいます。世界では約7億5000万人もの少女が児童婚を経験しており、とくに児童婚が多い地域は東南アジアやアフリカです。経済的な要因（やしなう子どもの数をへらしたい、新婦の持参金を少なくしたいなど）、構造的な要因（教育の欠如など）、社会的要因（慣習、未婚で妊娠をするという状態を避けるなど）などが原因と考えられています。少女たち本人に選択肢があたえられないことや、早くからの妊娠や出産による死亡リスク、学校を中途退学するデメリットなどが問題となっています。

障がい者の人権や自由を守る
——障害者権利条約——

「障害者権利条約」は、障がいをもつあらゆる人びとの平等な権利を守ることを定めた条約です。この条約によって、障がい者たちが自由に生きるために、どのようなとりくみがなされ、どのような変化が起こっているのでしょうか。

障がい者の権利を守ろう

国連では、障がいをもつ人びとの人権を守るために数かずのとりくみをおこなってきましたが、それでも根強く残っていた障がい者に対する差別を問題視し、法的に拘束力のある条約をつくる必要があると考えました。

そこで国連は、2006年に障がい者に関するはじめての条約として、「障害者権利条約」を制定しました。この条約には、障がい者のとらえ方、無差別・平等・合理的配慮などの条約の原則、政治的権利、教育・健康・雇用に関する権利、文化的な生活・スポーツへの参加、国際協力、国内の実施と監視など、幅広い内容が含まれています。

障がいをもっていても差別や不便を感じない権利とは？

障害者権利条約では、障がい者も、障がいをもたない人びと（健常者）と同じように、幸せで充実した生活をおくる権利があると定めています。たとえば、学校に行ったり、友だちと遊んだり、会社で仕事をしたりする権利があり、考え・意見も大切にされます。このように、障がい者はだれからも差別されず、不便に感じることのない時間をすごせるよう、日本の政府もさまざまなとりくみ（19ページ参照）を数多くおこなっています。

障がい者とは

「障がい者」とは、身体や心のどこかがうまくはたらかず、不便に感じたり、困ったりする状態にある人を表すことばです。「障がい」にはさまざまな種類や状態があります。たとえば、見たり、聞いたり、身体を動かしたりすることがむずかしいと感じる身体的な障がいをもつ人や、ものを覚えたり、考えたり、表現したりすることがむずかしいと感じる精神的な障がいをもつ人などがいます。

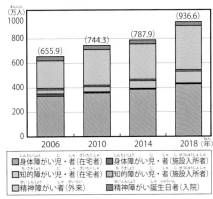

● 障がい者数の推移

(万人)

1000 ─────────── (936.6)
800 ──── (744.3) (787.9)
(655.9)
600
400
200
0
　　2006　　2010　　2014　　2018 (年)

□ 身体障がい児・者 (在宅者)　　■ 身体障がい児・者 (施設入所者)
□ 知的障がい児・者 (在宅者)　　■ 知的障がい児・者 (施設入所者)
■ 精神障がい者 (外来)　　　　　■ 精神障がい誕生日者 (入院)

資料：内閣府「障害者白書」（平成18年版、平成22年版、平成26年版、平成30年版、）より厚生労働省政策統括官付政策評価官室作成

どんなとりくみがおこなわれているの？

● みんな平等

だれもが平等であるという考えのもと、障がい者であるという理由だけで商品やサービスを拒否することを禁止し、無理のない範囲で障がい者の意思に配慮が必要です。

● 文化・スポーツ

文化においては、芸術活動にとりくむ障がい者やその家族を支援したり、障がい者も楽しめる舞台公演や展覧会などを開催したりしています。スポーツにおいても、障がい者の自主的なスポーツを推進し、全国で障がい者スポーツ大会もおこなわれています。

● 働く

国や地方公共団体では、障がい者が企業に就職することをめざす「チャレンジ雇用」にとりくんでいます。また、障がい者を雇用する企業には調整金を支給するなどして、たがいが気もちよく働けるような場を提供しています。（➡障害者雇用促進法）

● 学ぶ

精神・身体の障がいの程度にかかわらず、だれもが自由に学ぶことができ、社会に自由に参加できるようにするため、さまざまな段階の教育制度をもうけています。

● バリアフリー

「どこでも、だれでも、自由に、使いやすく」というユニバーサルデザインの考えのもと、建物にスロープを設置し、車いすの人でも自由に移動できるような工夫をしたり、自動音声機能などのICTを用いて障がい者の社会参加を支援したりしています。

障害者雇用促進法／障害者差別解消法

障害者雇用促進法／障害者差別解消法はともに、障がい者が働きやすい環境をつくるための法律で、企業が障がい者を雇うときに特別なサポートをすることが定められています。

特定の集団への迫害・暴力をゆるさない
——ジェノサイド条約——

過去のいたましい事件から学び、同じあやまちをくりかえさないためにつくられた「ジェノサイド条約」。「ジェノサイド」はどのような意味をもち、ジェノサイド条約ではどのようなことを定めているのでしょうか。

ジェノサイド条約とは

「ジェノサイド」とは、ある特定の集団の存在を消すためにおこなわれる暴力行為をしめす言葉で、日本語では「集団殺害」「ぎゃく殺」などと訳されます。ジェノサイド条約は、「国民的、人種的、民族的または宗教的集団」を対象とした破壊行為や殺害行為をとりしまるため、1948年につくられました。現在152か国がこの条約をむすんでいますが、日本はさまざまな法の改正が必要なこともあって、条約をむすんでいません。

ジェノサイド条約はなぜできた?

ナチス・ドイツがユダヤ人に対してホロコースト（1933 ～ 1945年）とよばれる迫害・大量ぎゃく殺行為をおこない、数百万人もの命がうしなわれました。このホロコーストによって多くの親族をうしなったユダヤ人の法学者ラファエル・レムキンが、数多く起こった残ぎゃくな行為を記録し、未来で二度とくり返すことのないよう「ジェノサイド」という言葉をつくり、のちのジェノサイド条約採択のために尽力しました。

ジェノサイド条約の内容

　ジェノサイド条約では、国民的、人種的、民族的または宗教的集団を破壊する意図をもっておこなわれた以下のような行為を「ジェノサイド」であると定めています。

- 集団構成員を殺すこと。
- 集団構成員に対して重大な肉体的または精神的な危害を加えること。
- 全部または一部に肉体の破壊をもたらすために意図された生活条件を集団に対して故意に課すること。
- 集団内における出生を防止することを意図する措置を課すること。
- 集団の児童をほかの集団に強制的に移すこと。

　そのうえで、ジェノサイドを犯した人だけでなく、犯すための計画や指示などをした者が処罰の対象となります。しかし、日本はこれに関する法律が整備されておらず、条約をむすばない理由のひとつになっています。

国際刑事裁判所とは

　国境をこえた犯罪に対応するために設立された国際刑事裁判所（ICC）では、国際社会全体でもっとも重大な犯罪とされる、ジェノサイドや戦争犯罪、人道に対する犯罪、侵略犯罪などを担当しています。ICCはジェノサイド条約の内容にもとづいてそれぞれの事件に最終的な判断を下します。これまでに、ICCによって法的にジェノサイドであるとみとめられた事例は3件のみです。

認定の歴史

1975～1979年　ポル・ポト政権によるぎゃく殺（カンボジア）……住民に地方での労働を強制し、飢餓や過労などで多くの人が命を落とした

1994年　ツチ系住民のぎゃく殺（ルワンダ）……ルワンダの2大民族のツチとフツが対立し、フツ過激派によってツチ系・一部のフツ系の人びとの大量ぎゃく殺がおこなわれた

1995年　ユーゴスラビア紛争での民族浄化（旧ユーゴスラビア）……スレブレニツァの町をセルビア人が攻撃し、大量ぎゃく殺をおこなった（スレブレニツァ事件）

　このほかに、2024年現在イスラエルがパレスチナ自治区ガザ地区でつづけている行為も、ジェノサイドにあたるとして、南アフリカが戦闘停止を求めた訴訟を起こし、国際司法裁判所（ICJ）からジェノサイド防止のための仮処分が出ています。

人種がちがっても人はみな平等である
――人種差別撤廃条約――

この世界から人種によるあらゆる差別をなくし、みなが平等な社会をつくるために生まれたのが「人種差別撤廃条約」です。1965年に国連で採択され、日本は1995年に加入しました。

人はだれもが平等

かつて、人びとは肌の色や宗教などが異なるだけで、ほかの人と差別されることがありました。これを「人種差別」といいます。

たとえば、アフリカ出身の黒人たちや、「ユダヤ人」とよばれるユダヤ教の信者が差別され、苦しい思いをしてきました。

しかし本来、どんな人もみな生まれながらにして大切で尊重されるべき存在です。肌の色や宗教などを理由にした差別はけっしてゆるされることではないのです。こうした差別をなくすための約束などをまとめたのが「人種差別撤廃条約」です。

しかし、社会や文化によって考え方が少しずつちがうこともあり、みんなが考える「平等」がなかなか実現されない場合があり、課題となっています。

古くからある差別

アパルトヘイト

アパルトヘイトは、南アフリカ共和国でおこなわれていた、人びとを肌の色で差別する政策です。白人が黒人を支配し、同じ場所でいっしょにくらすことなどをゆるさない制度でした。アパルトヘイトはたくさんの人びとの反対により、1994年に撤廃されました。

オーストラリア先住民族

昔からオーストラリア大陸にすんでいた先住民族アボリジニは、自分たち独自の文化や言語をもっていました。しかし、のちにやってきた白人たちによって土地をうばわれ、学校や仕事で不公平にあつかわれるといった差別をうけました。

人種差別がひき起こす紛争

世界では、特定の民族や人種、信仰のある人びとに対する偏見が原因となってたがいに敵意をもち、戦争や争いが起こっています。たとえ戦争が起こっていなくても、人種などを理由に犯罪にまきこまれることもあります。これを「ヘイトクライム」とよびます。

アメリカ合衆国では、アジア人に対して暴言を吐いたり、同性愛者をおどしたりする行為が問題となっています。

また、世界各地で人種差別に抗議する集会が起きるなど、大きな問題となっています。

●ブラック・ライブズ・マター

2013年、アメリカ合衆国で、不当な理由で黒人を殺害した白人が無罪となった事件をきっかけに、3人の黒人女性によって「ブラック・ライブズ・マター（黒人の命は大切だ）」という抗議運動がはじまりました。

この運動によって、事件の動画や写真がソーシャルメディアを通じて発信されたことがきっかけとなり、世界じゅうの人びとに注目されました。

差別ってなんだろう？
身のまわりにあるかな？

わたしたちの身のまわりで起きている「差別」には、どのようなものがあるでしょうか？差別をなくすために自分たちにできることはなにかを考えてみましょう。

差別の例

●**性別**…女性のほうが男性よりも給料が少ない、子育ての負担が多いなど

●**容姿**…顔つきや体型の悪口をいわれる

●**学歴**…最終学歴だけで個人が評価されてしまう

●**貧困**…貧困が理由で、教育や社会に出るチャンスをうしなう

●**国籍や人種**…出生による差別

●**ヘイトスピーチ**…特定の集団や個人をねらった攻撃的な発言をする

コラム❷
LGBTってどんな意味?

"LGBT" ってなに?

LGBTとは、性的マイノリティ（＝少数者）を表す総称です。

L (Lesbian) …「レズビアン」「女性同性愛者」などとよばれる。自分のことを女性として認識しており、恋愛の対象が女性である性のあり方。

G (Gay) ………「ゲイ」、「男性同性愛者」などとよばれる。自分のことを男性として認識しており、恋愛の対象が男性である性のあり方。

B (Bisexual) …「バイセクシュアル」、「両性愛者」などとよばれる。男女のどちらをも好きになる性のあり方。

T (Transgender) …「トランスジェンダー」とよばれる。生物学的な性と、自分の認識する性が異なる人（女性の身体で生まれたが、自分のことは男性だと思っている人、またはその逆など）。

"LGBT" をとりまく問題とは?

　LGBTに対する理解は世界で深まる一方、就職や結婚、福利厚生などの社会生活面ではさまざまな問題が残っています。就職活動では、性別欄に「男性」「女性」しかないことや、LGBTであるという理由から面接がうけられなかったり、内定がとり消されたりする「就活差別」がいまだに存在しています。就職後も、性的マイノリティを理由としたハラスメントをうける場合があり、問題視されています。また、日本では同性婚が法律でみとめられていないため、当事者が法的に結婚できない状況にあります。さらに、福利厚生において、パートナーやその子どもが法的な関係をむすべないために、扶養手当や家族手当、企業の休暇制度といったさまざまな支援をうけられないという問題もあります。

LGBTのシンボルである虹の旗を手にもち、自由をうったえる人びと。

LGBT "Q" ってなに？

最近ではLGBT "Q" ということばをよく耳にするようになりました。"Q" とはクエスチョン（Question）もしくはクィア（Queer）の頭文字をとったもので、自分自身の性の認識や恋愛の対象が「わからない」「はっきりしていない」人、もしくは「意図的に決めていない」人のことをさします。性的マイノリティにあてはまる人びととはL、G、B、Tだけに分けられないため、すべての性自認の人びとへの、配慮をしめすために "LGBTQ" ということばが使われるようになりました。

さらに、"LGBTQ+" や "LGBTQs" といった表現も多く使われるようになりました。この+やｓには、つねに新しい考え方をうけ入れ、多様な人びとを理解するといった前向きな意味がこめられています。

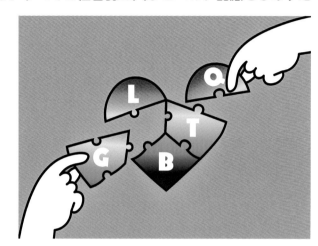

●ロシアでは"国際的なLGBT運動"禁止の判決

2023年12月、ロシアはLGBTに関する運動を過激団体とみなし、ロシア国内での活動を禁止しました。国際人権団体であるアムネスティ・インターナショナルは、ロシアのこの判決が差別をうみだす可能性があり、撤回すべきだと主張しています。しかし、ロシアの憲法では同性愛を規制しており、「結婚は男女のむすびつきである」と記されています。

また、宗教的に、性的マイノリティの人びとをけっしてうけ入れず、排除すべきであるとする保守的な考えをもつ国も存在します。「伝統的価値観を破壊する考え」と、とらえる傾向もあるのです。またまだ考え方には深い対立が残っています。

ロシアで、LGBTの権利を求め、デモをする人びと。

健康で安全に働くためにつくられた
──労働者を守る条約①──

世界にはさまざまな職種につく労働者がいます。労働によっては、働く場所の環境や時間、賃金など、働く条件が過酷なものがあります。労働者を守るための条約を見てみましょう。

危険な仕事がいっぱい

20世紀のはじめごろには、世界じゅうの多くの人びとが、鉱工業などで、長時間かつ過酷な労働条件、危険な環境のもとで労働を強制され、命を落としていました。このような状況から、労働者の命・安全を守る必要性がうったえられました。

そこで、1919年、労働者を守るために、国際労働機関（ILO）が設立されました。ILOの重要な任務として、「国際労働基準」の設置があります。国際労働基準には、「条約」と「勧告」の2つの形式があります。また、国際労働基準がとりあつかう分野は労働者の基本的人権に関するものを中心として、労働に関連するあらゆる分野におよびます。

なお、条約の第1号は、「労働時間条約」とよばれるものです。「工業企業での労働時間を1日8時間、かつ1週間に48時間に制限する」とし、労働者を長時間労働から守っています。

強制労働条約

「強制労働条約」は1930年に採択されました。この条約では、過去の植民地での過酷な労働がふたたび起きないように、奴隷制度や強制収容などをはじめ、あらゆる強制労働を禁止、排除することや、労働者がみずからの意思で労働条件に同意し、企業などと契約できることなどを定めています。また、1957年には、この条約を補強する強制労働廃止条約がつくられています。この条約には日本も参加しています。

労働者の権利を守る

　国際労働基準として、ILOが今まで採択した条約の数は、190をこえますが、その例として、以下のようなものがあげられます。

●最低賃金決定制度条約・最低賃金決定条約

　1928年、賃金が低い職業につく労働者や、賃金を決定する制度がない国の労働者の生活を守るため、「最低賃金決定制度条約」がつくられ、機関で話しあいをおこなったうえで適正な最低賃金率を決定する制度ができました。

　その後、1970年には必要最低限の収入を得られるようにすることを定めた「最低賃金決定条約」ができました。最低賃金制度の対象とされる集団の労働者が、基本的で生活に必要不可欠なものを購入したり、教育をうけたり、医療サービスをうけたりできる賃金を保障しています。

●団結権及び団体交渉権条約

　1949年に「団結権及び団体交渉権条約」が定められました。団結権は、労働者が集団となって組織をつくる権利や、みずからの意思で組合に参加し、ほかの労働者と協力して利益を得る権利を保障しています（団結権はILOの第87号条約で保障され、第98号条約でそれが確認されています）。

　団体交渉権は、労働者が組合などをつうじて雇用主と対等な立場で交渉し、賃金や労働時間、労働条件といった労働にかかわる重要な事項で合意をむすぶことができるとしています。

最悪の形態の児童労働条約

　ILOは1973年に、「就業の最低年齢に関する条約」を定め、働くことができる最低年齢を、義務教育終了の年齢である15歳を原則とし、健康や安全、道徳に悪影響をあたえると考えられる仕事には18歳未満がつくことを禁止しました。しかし、実際には有害な労働を強制されている子どもたちは少なくありませんでした。

　1999年に定められた「最悪の形態の児童労働条約」では、18歳未満の子どもたちを悪質な労働環境から守ることをうたいました。この条約では、「最悪の形態の児童労働」を右上のように定め、これらに対して対策をとるように求めています。

- 人身売買、強制労働、奴隷労働
- 売春、児童を利用したわいせつな演技の実施や提供
- 児童を使用した薬物の取引や生産
- 児童の健康や安全、道徳を害すると考えられる労働

　この条約をむすんだ国は、児童を上記のような労働から引きはなし、無償の基本的な教育や職業訓練をうける機会をあたえたり、特別な事情や危険をかかえた子どもには個別に支援をおこない、子どもたちが安心してくらせるようにするために努力することが求められています。子どもたちが安全で健康的な環境で成長できるようにするための具体的なとりくみのひとつです。

保護や配慮が必要な人を守る
──労働者を守る条約②──

妊娠・出産・育児や介護・病気などによって、社会的な立場が弱くなってしまった人びとがたくさんいます。自分や家族を守るための支援や保護がうけられるさまざまな条約がつくられました。

家族的責任を有する労働者条約

1981年に定められた「家族的責任を有する労働者条約」は、すべての労働者に平等な機会・待遇があたえられるようにすることをめざしたものです。子どもや家族の世話をすることで、仕事に支障が生じてしまう労働者（男性・女性問わず）に対して、家族的な責任と仕事上の責任を両立させることができるよう、保護や支援をおこないます。日本は1995年に批准しました。

育児・介護休業法

「育児・介護休業法」は、労働者が子どもを出産し、育てるため、または家族の介護のために一時的に仕事を休めるようにするための日本の法律で、1992年につくられました。もしつとめ先にこのような規定がなくても、この法律にもとづいて休みを取得できます。また、2022年には法が改正され、休みを分割して取得できるようになったほか、対象者の条件も緩和され、より多くの人がこの制度を利用できるようになっています。

●ワーク・ライフ・バランス

「ワーク・ライフ・バランス」とは、わたしたちひとりひとりが仕事とプライベートの両方に適切な時間を使い、健康でゆたかな生活を送ることです。仕事だけでなく、趣味や家族のためといった個人の時間も大切にし、時間の使い方のバランスをとって、より幸せな生活が送れるとされています。

母性保護条約

「母性保護条約」は、妊娠中や出産後の女性労働者の権利を守るための条約です。この条約は1919年につくられ、1952年、2000年に改正されました。最新の条約では、女性は14週間以上の出産休暇（うち6週間の産後休暇は強制）をとる権利や、仕事を休んでいるあいだにも健康に配慮した生活を送ることができるよう、金銭（現金の給付は所得の3分の2以上が保障される）・医療の給付をうける権利をもつこと、妊娠または出産が原因で病気にかかった

り、出産が予定よりおくれたりしたときには休暇の期間を延長できることなどを定めています。

また、企業側には、労働者が仕事に復帰したあとの一定期間のあいだに契約を終了することは違法とされるほか、求人をするときに、妊娠検査や証明書を求めるといった行為も禁止されています。

暴力及びハラスメント条約

2021年につくられた「暴力及びハラスメント条約」は、地位や役職にかかわらず、あらゆる労働者（インターン生や研修生、雇用が終わった労働者、ボランティア、休職中の人、就職を望んでいる人をふくむ）を守るための条約です。

労働者が暴力やハラスメントをうけ、働きがいのある人間らしい仕事ができないことは人権の侵害もしくは乱用にあたるとし、身体的、心理的、性的または経済的に損害をあたえることを目的とした行動をゆるさず、そのような問題のない労働環境をつくるためにとりくむよう定めた条約です。また、暴力やハラスメントの発生場所については、職場だけでなく、休憩・食事をする場所、更衣室、業務に関係のある外出や出張中、通勤中なども対象であるとされています。

暴力の具体例

・なぐる・ける・物を投げつけるなど身体的な攻撃をする

・特定の労働者の発言や連絡を無視する（あいさつを返さないなど）

・「バカ」といった暴言、人格や外見に関する否定的なことばを投げる

・業務と関係のないプライベートな内容をさぐろうとする

・必要な情報をあたえない（孤立させる、会議に参加させないなど）

人権条約・年表

年号	条約名	世界のできごと	日本のできごと
1919年	労働時間条約 母性保護条約（1952年、2000年に改正）	ドイツ国憲法（ワイマール憲法）制定（ドイツ）	第一次世界大戦終結／ヴェルサイユ条約に調印
1930年	強制労働条約	第1回サッカーワールドカップ開催／ロンドン海軍軍縮条約調印	第1回全日本柔道選手権大会・第1回全日本スケート選手権大会開催
1948年	ジェノサイド条約 世界人権宣言	インド独立の指導者ガンディーがヒンズー教徒に暗殺される／欧州経済協力機構(OEEC)設立	昭和電工事件／「走れメロス」などの著者である作家の太宰治が入水自殺
1949年	団結権及び 団体交渉権条約	海王星の第二惑星ネレイドが発見される／エヴァンス事件が発生（イギリス）	通商産業省（現・経済産業省）発足／湯川秀樹が日本人初のノーベル賞受賞
1966年	国際人権規約	文化大革命	ビートルズの来日／札幌五輪の開催決定
1967年	難民条約	欧州共同体（EC）発足／世界初のATMが設置される（イギリス・ロンドン）	2月11日に初の建国記念日を迎える／初の深夜放送「オールナイトニッポン」開始
1973年	就業の最低年齢に 関する条約	第一次オイルショック／血の日曜日事件（タイ）	電話ファックスサービス開始／祝日法改正（振り替え休日制）
1979年	女子差別撤廃条約	第二次オイルショック／スリーマイル島で原発事故発生（アメリカ）	ウォークマン第1号発表／第1回東京国際女子マラソン開催
1980年	ハーグ条約	イラン革命／アル＝ハラム・モスク占拠事件発生（サウジアラビア）	日本の自動車生産台数が世界一に／全国規模で初のホワイトデーを開催
1981年	家族的責任を有する 労働者条約	エイズが発見される（アメリカ）／フランスが死刑制度を廃止	神戸ポートアイランド博覧会開幕／気象衛星「ひまわり2号」の打ち上げに成功
1989年	子どもの権利条約	天安門事件（中国）／ベルリンの壁崩壊（ドイツ）	新元号「平成」に（1月7日が「昭和」最後の日に）／日経平均株価が史上最高値となる（バブル景気）
1992年	育児・介護休業法	カンボジアの内戦終了後、国連カンボジア行政機構（UNTAC）発足	東海道新幹線で「のぞみ」が運転開始／長崎県佐世保市にハウステンボスが開業
2006年	障害者権利条約	第1回ワールド・ベースボール・クラシック開催（アメリカ）／トリノ冬季オリンピック開催（イタリア）	トリノオリンピック女子フィギュアスケートで荒川静香が金メダル獲得／外務省が新型パスポート「IC旅券」を導入
2021年	暴力及び ハラスメント条約	新型コロナウイルス感染拡大（2019年～）、感染者が世界で1億人を超える	新型コロナウイルス感染拡大（2019年～）／東京2020オリンピック開催

条約・協定・憲章・議定書のちがい

「条約」「協定」「憲章」「議定書」は、それぞれ国家間での合意をあらわすことばですが、びみょうな意味のちがいがあります。まず、「条約」は、国と国とのあいだの基本的なとりきめをしめす文書のことをさします。「協定」は、条約にもとづいた具体的な事項（技術的な約束ごとなど）をふくんだもので、より詳細な内容をとりきめるための文書のことです。「憲章」は、組織や機関の設立などに関する文書をさします。そして「議定書」は、もともとの条約に追加や変更があった場合に使用されます。

さくいん

ロシアによるウクライナ侵攻に反対するデモをおこなう人びと。

●**監修／遠藤研一郎**（えんどう・けんいちろう）

中央大学法学部教授。法学部長。専門は民事法。1971年生まれ。中央大学大学院法学研究科博士前期課程修了。岩手大学人文社会科学部講師、助教授、獨協大学法学部助教授、中央大学法学部准教授を経て、現職。おもな著書に、『僕らが生きているよのなかのしくみは「法」でわかる 〜13歳からの法学入門』（大和書房）、『はじめまして、法学』（ウェッジ）など。

●**ニシ工芸株式会社**（大石さえ子・高瀬和也）

児童書、一般書籍を中心に、編集・デザイン・組版をおこなっている。
制作物に『理科をたのしく！ 光と音の実験工作（全3巻）』、『かんたんレベルアップ 絵のかきかた（全3巻）』（以上、汐文社）、『くらべてみよう！ はたらくじどう車（全5巻）』、『さくら 〜原発被災地にのこされた犬たち〜』（以上、金の星社）、『学研の図鑑 LIVE 深海生物』（学研プラス）など。

●**参考文献**

吉村祥子監修『国際機関の仕事 SDGs時代へ 1 平和と人権を守る』（汐文社）

（ホームページ）
Gakkenキッズネット
https://kids.gakken.co.jp/jiten/dictionary05100355/
Workd Vision
https://www.worldvision.jp/children/crisis_03.html#d0e9d87eb78fa54e47cd213ca7606442
外務省
https://www.mofa.go.jp/mofaj/kids/ranking/refugee.html
UNHCR
https://www.unhcr.org/jp/history-of-unhcr
jica
https://www.jica.go.jp/aboutoda/find_the_link/part1/refugees.html
ミライロ通信
https://www.mirairo.co.jp/blog/post-20201009
gooddo
https://gooddo.jp/magazine/gender_equality/discrimination_against_women/11709/

●**編集協力**
中山史奈

●**写真**
Pixta
Shutter stock

●**表紙デザイン**
ニシ工芸株式会社（小林友利香）

●**本文デザイン・DTP**
ニシ工芸株式会社（向阪伸一、山田マリア）

●**担当編集**
豊田たみ

調べ学習に役立つ
地球と平和を守る 国際条約
③人権
子どもの権利条約・人種差別撤廃条約　ほか

2024年3月　初版第1刷発行

監　修　遠藤研一郎
発行者　三谷 光
発行所　株式会社汐文社
　　　　〒102-0071
　　　　東京都千代田区富士見1-6-1
　　　　TEL 03-6862-5200　FAX 03-6862-5202
　　　　URL https://www.choubunsha.com

印刷　新星社西川印刷株式会社
製本　東京美術紙工協業組合

ISBN 978-4-8113-3126-3